BOEKANALYSE

AF143436

The Catcher in the Rye

JEROME DAVID SALINGER

BOEKANALYSE

Geschreven door Pierre Weber
Vertaald door Nikki Claes

The Catcher in the Rye

JEROME DAVID SALINGER

J. D. SALINGER

AMERIKAANSE SCHRIJVER

- **Geboren in New York in 1919.**
- **Overleden in New Hampshire in 2010.**
- **Opmerkelijke werken:**
  - *Nine Stories* (1953), verhalenbundel.
  - *Franny and Zooey* (1961), verhalenbundel
  - *Raise High the Roof Beam, Carpenters* (1955), novelle

Jerome David Salinger, beter bekend als J. D. Salinger, was een Amerikaans romanschrijver en schrijver van korte verhalen. Hij was een bewonderaar van Ernest Hemingway (Amerikaanse schrijver, 1899-1961) en F. Scott Fitzgerald (Amerikaanse schrijver, 1896-1940), wat hem inspireerde om op 15-jarige leeftijd te gaan schrijven. In 1940 publiceerde hij zijn eerste korte verhaal in *Story Magazine*, en zijn populariteit als auteur groeide gedurende de jaren veertig dankzij ander werk van zijn hand dat werd gepubliceerd in de *New Yorker*.

Naarmate zijn schrijven succesvoller werd, vond Salinger zijn nieuwe beroemdheid steeds ondraaglijker en begon hij zich te isoleren. Zijn laatste gepubliceerde werk verscheen in 1965, waarna hij zich terugtrok in een klein dorpje in New Hampshire en weigerde nog langer interviews met de pers te geven. Zijn voortdurende stilzwijgen maakte zijn lezers echter alleen maar nieuwsgieriger. In januari 2010 overleed hij thuis.

THE CATCHER IN THE RYE

EEN COMING-OF-AGE ROMAN

- **Genre:** roman
- **Referentie uitgave:** Salinger, J. D. (2010) *The Catcher in the Rye*. Londen: Penguin.
- **1ste editie:** 1951
- **Thema's:** adolescentie, weglopen, depressie, eenzaamheid, sociale kritiek

The Catcher in the Rye is een internationaal bekende coming-of-age roman die het thema isolement aansnijdt. De roman was een onmiddellijk succes, heeft een cultstatus bereikt onder jongeren van vroeger en nu, en is een inspiratiebron geweest voor een hele generatie schrijvers en kunstenaars.

Het verhaal wordt verteld door een 17-jarige jongen genaamd Holden Caulfield, wat de roman een orale, spreektaalachtige toon geeft. Holden beschrijft zijn ervaring met het weglopen van zijn school, Pencey Prep, kort voor Kerstmis, waardoor hij drie dagen door de straten van New York zwerft en zich depressief en gedesillusioneerd voelt en niet naar huis durft terug te keren.

SAMENVATTING

The Catcher in the Rye vertelt het verhaal van een tiener die op zoek is naar betekenis. Als Holden wegloopt, beleeft hij een reeks avonturen die hem de kans geven zich onder te dompelen in ruminaties over zichzelf, de mensen om hem heen en de maatschappij waartoe hij (met tegenzin) behoort, die zowel humoristisch als melancholisch zijn.

EEN TIENER IN CRISIS

De verteller stelt zich voor als Holden Caulfield, een tiener die op het punt staat volwassen te worden. Kort voor de kerstvakantie verneemt hij dat hij is geschorst van Pencey Prep, een exclusieve privéschool in Pennsylvania, omdat hij voor vier van zijn vijf examens is gezakt; het enige waarvoor hij is geslaagd was Engels, zijn beste vak. Voordat hij vertrekt, gaat hij naar zijn geschiedenisleraar, de heer Spencer, om afscheid te nemen. Zijn leraar wil hem helpen en probeert te begrijpen waarom hij zich niet inzet, waardoor Holden zich diep depressief voelt. Holden is niet vreemd aan dit gevoel: hij is diep getroffen door de dood van zijn jongere broer Allie, en niets doet hem opleven behalve wanneer zijn broer D.B. (die naar Hollywood is verhuisd om in de filmindustrie te werken) hem op zondag komt bezoeken.

Holden gaat zaterdagmiddag naar een voetbalwedstrijd kijken, maar hij neemt afstand van de menigte en beklimt een nabijgelegen heuvel, vanwaar hij over het veld uitkijkt als een manier om afscheid te nemen van de school. Daarna gaat hij terug naar zijn slaapzaal om te lezen, maar Ackley, een van zijn onaangename klasgenoten, begint hem lastig te vallen. Kort daarna komt Holdens kamergenoot Stradlater terug van de wedstrijd en maakt zich klaar voor een afspraakje met Jane Gallagher, wat Holden jaloers maakt.

Stradlater vraagt Holden een opstel voor hem te schrijven, en Holden stemt toe zonder echt te weten waarom. Wanneer de Stradlater een paar uur later terugkeert, hebben hij en Holden ruzie over Jane. Holden schuilt dan in Ackley's kamer en besluit weg te lopen zonder het iemand te vertellen.

WEGLOPEN OM ZICHZELF TE VINDEN

Holden ontmoet de moeder van een van zijn klasgenoten in de trein, en liegt tegen haar om niet betrapt te worden. Eenmaal aangekomen beseft hij dat hij niemand heeft om te bellen, dus neemt hij een taxi naar het Edmont Hotel. Hij begint zich eenzaam te voelen, dus belt hij een prostituee genaamd Faith Cavendish, maar zij slaat zijn uitnodiging om met hem mee te gaan af vanwege het late tijdstip.

In de lift vraagt de operator hem of hij wat tijd wil doorbrengen met een callgirl en Holden accepteert. Maar in plaats van zich opgewonden te voelen, voelt hij zich beschaamd en gedesillusioneerd als Sunny aankomt, en hij zegt haar dat hij haar zal betalen om alleen maar met hem te praten. Voordat ze vertrekt, eist ze meer geld, maar Holden weigert. Een paar uur later valt haar pooier de jongeman aan om het geld te krijgen. Nadat hij gekalmeerd is, valt Holden in slaap.

De volgende dagen weerstaat hij de drang om contact op te nemen met zijn jongere zus Phoebe. Hij besluit wat tijd te doden door naar een bar te gaan. Hij ontmoet daar drie vrouwen en danst met hen, maar hij is in geen van hen geïnteresseerd. Nadat hij een tijdje over Jane heeft gepiekerd, verlaat hij het hotel en gaat naar een café in het centrum van de stad. Een van de ex-vriendinnen van zijn broer biedt hem een plaats aan haar tafel aan, maar hij weigert. Hij zwerft door de stad om de tijd te doden en koopt een plaat voor Phoebe. Dan ontmoet hij een gezin met een jongetje dat "If a body catch a body coming through the rye" zingt (p. 104). Dit vrolijkt hem op en hij voelt zich minder depressief.

De volgende dag nodigt Holden Sally Hayes, een meisje waarmee hij vaak uitgaat, uit voor een toneelstuk, waarna hij naar het station gaat en zijn bagage incheckt. Hij knoopt een gesprek over literatuur aan met twee nonnen en geeft hen een paar dollar voor hun liefdadigheidsactie. Om twee uur die middag ontmoet hij Sally en neemt haar mee naar het theater en de ijsbaan. In een opwelling vraagt hij haar alles achter te laten en met hem weg te lopen, maar zij wijst hem af. Hij haalt verbaal uit naar haar en ze keert gekwetst naar huis terug.

In een poging zijn eenzaamheid te verzachten, belt Holden een oude vriend, Carl Luce, en spreekt met hem af om tien uur in de Wicker Bar. Omdat dit een paar uur rijden is, gaat hij ondertussen naar de bioscoop. Wanneer hij zijn vriend ontmoet, probeert Carl een gesprek over seksualiteit te beginnen, maar gaat dan weg nadat hij Holden onvolwassen vindt. Alleen gelaten, wordt Holden dronken en belt Sally, gaat vervolgens naar het meer in Central Park, vraagt zich af waar de eenden in de winter heen gaan en besluit het appartement van zijn familie binnen te sluipen.

Hij sluipt naar binnen en gaat naar Phoebe's kamer. Hij kijkt een paar minuten naar haar terwijl ze slaapt, bladert door haar schoolboeken en maakt haar dan wakker. Het meisje is blij hem te zien, en ze is opmerkzaam genoeg om onmiddellijk te beseffen dat hij van Pencey is gestuurd. Hoewel ze boos is, vraagt ze hem zijn kant van het verhaal te vertellen. Hij vertrouwt hem toe dat hij, als hij ouder is, een "vanger in het graan" wil zijn en de kinderen wil vangen die op het randje van de afgrond staan. Als zijn ouders arriveren, verstopt hij zich in de kast en huilt. Phoebe troost hem en vraagt hem te blijven, maar hij weigert.

Dan belt hij de heer Antolini, zijn vroegere leraar Engelse literatuur, die hem een slaapplaats voor de nacht aanbiedt. Hij praat met Holden nadat hij is aangekomen, en probeert hem te begrijpen en raad te geven die hem weer op het rechte pad zal helpen. Holden lijkt graag te luisteren, maar tijdens de nacht wordt hij gewekt als hij voelt dat zijn leraar over zijn hoofd strijkt. Hij interpreteert het gebaar verkeerd en vlucht.

Holden valt in slaap op een bankje als hij aankomt op het treinstation. Hij wordt geplaagd door donkere gedachten en zwerft door de straten tot hij uiteindelijk besluit naar het westen te gaan en nooit meer terug te keren. Voordat hij zijn plan uitvoert, gaat hij naar de school van zijn zus en laat haar een briefje achter waarin hij vertelt dat hij vertrekt, zodat ze een laatste afscheid kunnen nemen. Phoebe arriveert echter op de plaats waar hij haar had gevraagd hem te ontmoeten met een koffer en klaar om met hem mee te gaan. Holden is overdonderd en verandert van gedachten: in plaats van weg te gaan, komt hij naar huis.

Holden besluit zijn verhaal met te zeggen dat hij niet weet wat morgen zal brengen, maar hij mist de mensen waarover hij heeft gesproken.

KARAKTERSTUDIE

HOLDEN CAULFIELD

De hoofdpersoon en verteller van *The Catcher in the Rye* is Holden Caulfield, een tiener dropout uit een hogere midden-klasse familie uit Manhattan. Hij stuitert van school naar school en vindt nergens een plek waar hij past. Wanneer hij een paar dagen voor Kerstmis van Pencey Prep wordt gestuurd, zwerft hij door de straten van New York en beleeft een reeks avonturen in de stad.

Hij is een gevoelige jongen, en lijkt diep getroffen door de dood van zijn jongere broer Allie. Hij vindt het moeilijk om relaties aan te gaan met anderen, vooral met mensen van zijn eigen leeftijd, omdat hij ze saai vindt. Als gevolg daarvan is hij eenzaam en heeft hij zelfmoordneigingen, en is hij op zoek naar een reden om te leven. Hij worstelt met de moei-lijke overgang van kindertijd naar volwassenheid, en zijn angst om volwassen te worden drijft hem ertoe geleidelijk uit de hand te lopen en in een depressie terecht te komen.

Holden is niet moedig, sterk of deugdzaam; integendeel, hij is een archetypische antiheld. In feite wordt de lezer al aan het begin van de roman verteld dat Caulfield geen tijd heeft voor "al dat David Copperfield-gedoe" (p. 1). Hij is ook niet van plan een autobiografisch verhaal te schrijven: "Ik ga je niet mijn hele verdomde autobiografie vertellen of zo" (*ibid.*). Hij vertelt echter wel over een voorval dat een onuitwisbare stempel op hem heeft gedrukt, en noemt ook verschillende van zijn andere jeugdervaringen, die aan het eind van de roman een vrij compleet beeld van zijn levensverhaal vormen.

 ## DAVID COPPERFIELD

David Copperfield (1849) is een van de beroemdste romans van Charles Dickens (Engels schrijver, 1812-1870). De gelijknamige held is een ongelukkige jongen die door zijn stiefvader wordt mishandeld en naar een kostschool wordt gestuurd. Het verhaal volgt David terwijl hij de sociale ladder beklimt en geluk probeert te vinden terwijl hij studeert, troost vindt in lezen en werkt om zijn tante te onderhouden, voordat hij uiteindelijk schrijver wordt.

Wanneer Holden in *The Catcher in the Rye* David Copperfield noemt, kunnen er parallellen worden getrokken tussen de twee personages. Beiden gaan op zoek naar geluk na het bezoeken van een kostschool, en beiden vertellen hun levensverhaal (ook al beweert Holden dat dit niet zijn bedoeling is). Het verhaal van David Copperfield eindigt echter op een positieve noot, terwijl Holdens lot minder gelukkig lijkt.

Holden heeft een gebrek dat hij niet probeert te verbergen: hij liegt tegen iedereen (behalve blijkbaar tegen de lezer) en geeft toe "de meest geweldige leugenaar te zijn die je ooit in je leven hebt gezien" (p. 14). Hij heeft ook de neiging kritisch en veroordelend te zijn, en zijn spraak is doorspekt met sarcasme en ironie, waardoor de roman vaak een humoristische toon krijgt. Wanneer hij bijvoorbeeld een meisje in een bar ontmoet, zegt hij: "Je bent een zeer goede gesprekspartner. Weet je dat?" (p. 65), terwijl hij eigenlijk precies het tegenovergestelde denkt.

Holden zit vol tegenstrijdigheden, en weet niet echt wat hij wil. Zijn woorden en daden zijn vaak tegenstrijdig: hij beweert de bioscoop te haten en gaat er vervolgens heen, en hij zegt dat hij niet houdt van de manier waarop jongens van zijn leeftijd meisjes behandelen, om vervolgens hetzelfde te doen ("Geef haar aan mij, jongen. Echt waar. Ze is mijn type", p. 25). In feite zijn zijn relaties met meisjes ook tegenstrijdig: hij lijkt verliefd te zijn op Jane Gallagher en voelt zich jaloers op zijn kamergenoot, Stradlater, als hij met haar op date gaat. Dit maakt hem nerveus en drukt op zijn gemoed: "Het maakte me zo nerveus dat ik bijna gek werd" (p. 29). Hoewel hij voortdurend aan haar denkt, gaat hij tijdens zijn drie dagen op de vlucht met andere meisjes uit.

Holden probeert zijn eigen onvolwassenheid niet te verbergen (p. 8). Hij verafschuwt hypocrisie en de obsessie van de maatschappij met uiterlijkheden ("Ik was omringd door neppers", p. 12), wat betekent dat hij er niet voor terugdeinst zijn eigen gebreken gedetailleerd te beschrijven, waaronder zijn extravagante neigingen ("Ik ben een verdomde verspiller in hart en nieren", p. 96), zijn angstige aard ("Het is een nerveuze gewoonte", p. 116), en de manier waarop hij naar aandacht hunkert ("Ik ben een exhibitionist", p. 25).

Holden is een complex personage dat is ontworpen om sympathie op te wekken bij de lezer vanwege zijn depressie, terwijl hij hen ook irriteert met zijn ondoordachte acties en voortdurende leugens.

PHOEBE

Phoebe is het 10-jarige zusje van Holden. Zij is "iemand met verstand en al" (p. 60), en is slim, emotioneel en schattig. In feite is deze magere roodharige waarschijnlijk de meest belangrijke persoon voor Holden, want hij praat vanaf het begin van de roman over haar, en zij speelt een fundamentele rol in het verhaal: Holden neemt openlijk een ander personage in vertrouwen, niet alleen de lezer, en stort zijn hart bij haar uit.

Phoebe raakt in paniek als ze beseft dat Holden van school is gestuurd, ook al zegt hij er zelf niets over. Holden legt haar dan uit dat hij eigenlijk catcher in the rye wil zijn. Aan het eind van de roman besluit hij dankzij haar naar huis terug te keren: "Ik was bijna aan het huilen, ik voelde me zo verdomd gelukkig, [...] het was gewoon dat ze er zo verdomd leuk uitzag, de manier waarop ze rond en rond bleef gaan" (p. 191). Zij fungeert als de stem van de rede, en laat Holden begrijpen dat hij niet eeuwig op dezelfde manier door kan gaan.

ALLIE

Allie was Holden's broer, en was twee jaar jonger dan hij. Hij stierf aan leukemie op 18 juli 1946, drie jaar voor het begin van het verhaal. Deze tragedie had een diepgaand effect op de held, die er vaak hardop over praat; in feite kan worden aangenomen dat het de oorzaak is van zijn depressie. Allie was een kleine roodharige jongen die vriendelijk, zeer intelligent en altijd vrolijk was. Holden verafgoodde hem enigszins: "God, hij was een aardige jongen" (p. 34).

D. B.

D. B. is Holdens oudere broer, en ook zijn favoriete auteur – tenminste voordat hij een "prostituee" (p. 1) in Hollywood werd door voor de bioscoop te schrijven (wat Holden haat). Hij is de auteur van *The Secret Goldfish*, een verhaal over een kind dat niemand anders naar zijn goudvis laat kijken, omdat hij die met zijn eigen geld heeft gekocht. In *The Catcher in the Rye* fungeert hij als rolmodel voor Holden, en komt hij hem ook elke zondag opzoeken als hij in een depressie raakt.

DE HEER ANTOLINI

Mr Antolini is Holdens vroegere leraar Engels van toen hij op Elkton Hills zat. Hij is jong, vriendelijk en begrijpt de tiener. Hij is geïnteresseerd in Holden en biedt hem meteen een slaapplaats aan als hij hem belt en om hulp vraagt.

In zijn luxueuze appartement in New York, dat hij deelt met zijn vrouw Lillian, praat hij met Holden over zijn toekomst en vertelt hem dat hij op het verkeerde pad is. Nadat hij Phoebe al in vertrouwen had genomen, besteedt Holden aandacht aan wat zijn leraar zegt ("Ik lag een paar seconden wakker van al die dingen die meneer Antolini me had verteld" (p. 172), en heeft veel respect voor hem.

ACKLEY

Ackley is één van Holdens klasgenoten. Hij wordt beschreven als "een slons" (p. 23), en zijn gedrag werkt op Holdens zenuwen. Maar nadat Holden ruzie heeft gekregen met Stradlater, vlucht hij naar Ackley's kamer. Na een "gesprek" met hem, waarbij Ackley hem nooit antwoordt, besluit Holden weg te lopen.

STRADLATER

Stradlater is een in zichzelf gekeerde jongeman ("Hij dacht dat hij de knapste man van het westelijk halfrond was", *ibid.*) en deelt een kamer met Holden, die hem een "bastaard" (p. 24) vindt. Toch stemt Holden ermee in zijn opstel voor hem te schrijven, wat hun ruzie veroorzaakt. Stradlater is ook Holdens rivaal, omdat hij uitgaat met Jane Gallagher, het meisje dat Holden leuk vindt.

JANE GALLAGHER

Hoewel Holden niet met haar omgaat, is Jane een van de belangrijkste mensen in zijn leven, omdat het de enige persoon is voor wie hij daadwerkelijk gevoelens heeft. Hoewel hij enkele pogingen doet om romantische relaties te beginnen met andere meisjes (Sally, Sunny de callgirl, Faith de prostituee, etc.), lopen ze allemaal uit op een mislukking, maar dat lijkt hem niet te deren. De reden dat hij nooit contact opneemt met Jane is dat hij bang is dat zij hem uiteindelijk net zo zal teleurstellen als alle anderen.

ANALYSE

ADOLESCENTIE: DE MOEILIJKE OVERGANG VAN KINDERTIJD NAAR VOLWASSENHEID

De titel van het boek is een indirecte verwijzing naar de moeilijke overgang van kindertijd naar volwassenheid. Als Phoebe aan Holden vraagt wat voor baan hij wil als hij groot is, antwoordt hij dat hij gewoon vanger in het graan wil worden, dat wil zeggen iemand die alle kinderen redt van wie de onschuld wordt gestolen:

> "Ik sta op de rand van een gekke klif. Wat ik moet doen, ik moet iedereen opvangen als ze over de klif gaan [...] Ik moet ergens vandaan komen en ze opvangen. Ik ben gewoon de vanger in het graan en zo. Ik weet dat het gek is, maar dat is het enige wat ik echt zou willen zijn." (p. 156)

Holden idealiseert de kindertijd in zijn verhaal, vooral via de personages van zijn zus Phoebe en zijn broer Allie, die hij als een perfect kind beschouwt. Zowel Allie als Phoebe zijn onschuldigen die de adolescentie niet zijn ingegaan en de problemen die daarmee gepaard gaan niet hebben ervaren, terwijl Holden zelf meerdere malen van school is veranderd en zich steeds minder thuis voelt in de maatschappij.

Holden identificeert zich met de oprechtheid van de kindertijd, die hij beschouwt als de antithese van de hypocriete, gecorrumpeerde wereld van tieners en volwassenen. Daarom wil hij kinderen zo lang mogelijk beschermen tegen deze wereld die hem gedesillusioneerd heeft achtergelaten. Toch helpt Phoebe hem uiteindelijk in te zien dat volwassen worden onvermijdelijk is, en dat het niet aan hem is om met alle middelen kinderen te beschermen.

Holdens strijd om de volwassen wereld te begrijpen wordt ook geïllustreerd door het generatieconflict tussen hem en de heer Spencer, de oudere geschiedenisleraar van Pencey Prep "Maar het was gewoon dat we te veel aan weerszijden van de pool zaten, dat is alles" (p. 13). Terwijl de oude man de tiener de les leest, denkt hij: "Ik moest daar zitten en naar die onzin luisteren" (p. 10). Het lijkt erop dat Holden hem niet kan begrijpen vanwege het grote leeftijdsverschil tussen hen, hoewel hij enigszins met hem meeleeft.

Dit gebrek aan begrip tussen de generaties is een rode draad door de roman; Holden begrijpt bijvoorbeeld niet het gedrag van Carl Luce, die maar een paar jaar ouder is dan hij en geobsedeerd is door seks. In feite worden volwassenen bijna voorgesteld als een andere soort die gekenmerkt wordt door leugens, perversie en nutteloosheid, en waar Holden niet bij wil horen.

Deze tiener, wiens haar al grijs wordt, probeert zijn plaats te vinden, gevangen tussen twee leeftijden: "Toen was ik zestien en nu ben ik zeventien, en soms doe ik alsof ik een jaar of dertien ben" (p. 8). Hij wordt overweldigd door angst en ontgoocheling en is op zoek naar zichzelf: hij zakt voor zijn examens en wordt van school gestuurd, waarna hij wegloopt; hij is verslaafd aan sigaretten en is een zware drinker; en hij rebelleert tegen de sociale normen. Tegelijkertijd wordt hij als kinderachtig afgeschilderd vanwege zijn jeugdige gedrag ("Ik verveelde me na een tijdje op die waskom, dus ging ik een paar meter achteruit en begon een tapdans te doen, gewoon voor de lol. Ik amuseerde me gewoon", p. 25) en zeer volwassen door zijn cynische houding tegenover de maatschappij.

DEPRESSIE EN ZICH NIET OP ZIJN PLAATS VOELEN

Bij verschillende gelegenheden vraagt Holden zich af waar de eenden in Central Park heen gaan als het meer bevroren is in de winter. Hij vraagt er zelfs verschillende mensen naar ("'Hé, luister,' zei ik. 'Ken je die eenden in die lagune vlak bij Central Park South? Dat meertje? Weet je toevallig waar die eenden heen gaan als het bevroren is? Weet je dat toevallig?", p. 54), maar ze schijnen het antwoord niet te weten, en lijken ook te denken dat de zaak hun aandacht niet waard is.

Deze vraag is ingewikkelder dan hij op het eerste gezicht lijkt: Holden vraagt eigenlijk waar je heen moet als je ongeschikt bent voor de omgeving waarin je leeft. Dit betekent dat zijn vraag eigenlijk een metafoor is voor zijn eigen situatie: omdat hij zich niet thuis voelt op school of in New York, weet Holden niet waar hij heen moet om het gevoel te krijgen dat hij erbij hoort, en loopt hij doelloos rond. De toespraak van de heer Antolini weerspiegelt dit idee: "De hele regeling is ontworpen voor mannen die op een bepaald moment in hun leven op zoek waren naar iets wat hun eigen omgeving hen niet kon bieden. Of die dachten dat hun eigen omgeving hen niet kon voorzien" (p. 169).

Holden voelt zich inderdaad niet op zijn gemak bij jongeren van zijn eigen leeftijd en vindt ze vaak dwaas: "Ze lachten allebei als hyena's om dingen die niet eens grappig waren" (p. 32). Soms veroorzaakt dit echte problemen: "Ik zat eens een week bij de padvinders en ik kon niet eens naar de achterkant van iemands nek kijken" (p. 127). Hij lijkt nooit een band te hebben gesmeed met mensen van zijn eigen leeftijd: Ackley en Stradlater ergeren zich aan hem, hij verlaat de school zonder iemand gedag te zeggen en hij denkt na zijn vertrek nooit meer aan zijn klasgenoten. Bovendien lijken meisjes van zijn leeftijd (afgezien van Jane) hem te vervelen.

Anderzijds lijkt hij het gemakkelijker te vinden om relaties op te bouwen met mensen die ouder zijn dan hij, ondanks de misverstanden tussen de generaties die dan kunnen ontstaan: hij voelt sympathie voor zijn geschiedenisleraar, de heer Spencer, hoewel die veel ouder is; hij voelt zich op zijn gemak om met de moeder van een van zijn klasgenoten te praten in de trein naar New York; hij aarzelt niet om de heer Antolini midden in de nacht te bellen; en hij heeft grote bewondering voor zijn oudere broer.

Zijn eenzaamheid en isolatie zijn tenminste gedeeltelijk de oorzaak van zijn depressieve neigingen. Hoewel hij vele pogingen heeft ondernomen om relaties met anderen aan te knopen, zijn zijn pogingen zonder succes, afgezien van zijn relatie met zijn zus Phoebe. Elke keer dat hij met iemand praat, of het nu aan de telefoon is (bijvoorbeeld wanneer hij Faith belt) of door hem persoonlijk te ontmoeten (bijvoorbeeld wanneer hij Carl ontmoet), laat hij er een enorm teleurgesteld gevoel aan over. Sociale interacties lijken nooit te voldoen aan zijn buitensporig hoge verwachtingen. Zijn eenzaamheid en depressie leiden soms zelfs tot zelfmoordneigingen: "Ik voelde me een beetje beroerd. Depressief en zo. Ik wenste bijna dat ik dood was" (p. 82).

Hij besluit te vluchten om deze zelfmoordneigingen te bestrijden. Zijn verhaal kan geïnterpreteerd worden als een verhaal van fysieke en mentale opsluiting:

- Aan het begin van het verhaal, zit hij gevangen in zijn kostschool;

- Weglopen leidt niet tot vrijheid, want hij zit gevangen in de New Yorkse maatschappij, die wordt geregeerd door regels die hij ondraaglijk vindt;

- Hoewel het nooit expliciet wordt gezegd, lijkt hij ons zijn verhaal te vertellen vanuit een psychiatrisch ziekenhuis ("Ik raakte behoorlijk in verval en moest hierheen komen om het rustig aan te doen", p. 1; "Veel mensen, vooral die ene psychoanalyticus die ze hier hebben, blijven me vragen of ik me ga aanpassen als ik volgend jaar september weer naar school ga", p. 192).

Als zodanig vertelt *The Catcher in the Rye* het verhaal van iemand die op zoek is naar waar hij thuishoort, die zich ergert aan de maatschappij en haar conventies en die zich ergert aan bijna iedereen om hem heen. Holden is ontevreden met zijn huidige leven, en doet er alles aan om het geluk te vinden.

KRITIEK OP DE SAMENLEVING

Holden heeft een cynische kijk op de wereld om hem heen, vooral op de maatschappij waarin hij leeft. Hij heeft het gevoel dat hij fundamenteel uit de pas loopt met haar principes en vertegenwoordigers, en bekritiseert haar gedurende de hele roman:

- Holden ziet de maatschappij als een vijandige wereld waarvan hij geen deel wil uitmaken, en hij schuwt de sociale conventies, die hij verouderd en nutteloos vindt. In plaats daarvan wil hij zijn eigen regels en gewoonten creëren ("En ik zou op een kantoor werken, veel geld verdienen, en naar mijn werk rijden in taxi's en Madison Avenue-bussen, en kranten lezen, en de hele tijd bridge spelen, en naar de film gaan en veel stomme korte films zien", blz. 120).

- Hij heeft een hekel aan geveinsde beleefdheid, omdat het hem hypocriet lijkt ("Ik zeg altijd 'Blij je ontmoet te hebben' tegen iemand waarvan ik helemaal niet blij ben dat ik hem ontmoet heb. Als je wilt blijven leven, moet je dat wel zeggen", p. 79).

- Iedereen die hij kent maakt er een punt van om de schijn op te houden, wat hij absoluut onverdraaglijk vindt ("Ik was omringd door neppers. Dat is alles. Ze kwamen door het verdomde raam", p. 12).

- Holden veroordeelt ook zinloos geweld wanneer Stradlater, die hij bereid is te helpen, hem begint te provoceren. Geweld volgt hem overal waar hij komt: in New York overvalt de pooier hem, slaat hem in elkaar en steelt zijn geld. Het geweld is dus een gevolg van de maatschappelijke obsessie met de schone schijn (want Holden heeft Stradlater beledigd, die dat slecht opvatte) en met geld (want de pooier wil Sunny gebruiken om zoveel mogelijk geld uit Holden te halen en is bereid daarvoor geweld te gebruiken).

- Holden is verbijsterd over de manier waarop vrouwen worden behandeld in de patriarchale, vrouwonvriendelijke maatschappij waarin hij leeft. Hoewel hij besluit vrouwen niet als objecten te behandelen zoals zijn klasgenoten doen (met name door Sunny te vragen met hem te praten), vervalt hij in dezelfde gewoonten als zij (door te zeggen dat een meisje zijn "type" is, p. 25).

- Hij heeft ook harde kritiek op de filmindustrie door te zeggen dat zijn broer "een prostituee is" (p. 1) door te werken in "dat verdomde Hollywood" (p. 148). Hij lijkt ook een hekel te hebben aan films, die hij "stomme korte films" (p. 121) noemt, ook al gaat hij naar de bioscoop.

- Holden richt zich ook op sociale instellingen. Hij is verschillende keren van school veranderd en vindt het onderwijssysteem totaal ontoereikend ("Op Pencey doen ze niet meer *aan* vorming dan op welke andere school dan ook. En ik kende daar niemand die schitterend en helder denkend was en zo" (p. 2). Hij keert zich ook tegen religie ("Ik kan zelfs ministers niet uitstaan", p. 90), tegen de politie ("een verdomde agent", p. 109), en tegen geld ("Verdomd geld", p. 102).

Deze constante kritiek lijkt Holdens misantropie, eenzaamheid en depressie te voeden. Hij komt in opstand tegen de gevestigde grenzen en de "regels" (p. 7) van het leven waarover zijn geschiedenisleraar hem vertelt. Daarbij weigert hij het "spel" (*ibid.*) van het leven te spelen, dat hij vals en hypocriet vindt. Hij vecht tegen zijn onbehagen door zich te richten op zijn fascinatie voor de kindertijd en de onschuld, die wordt gesymboliseerd door zijn overleden jongere broer Allie en zijn zus Phoebe.

EEN INFORMELE STIJL

De lichte, ironische toon van de roman staat in schril contrast met de pessimistische, melancholische inhoud, en deze juxtapositie maakt de roman complexer dan hij op het eerste gezicht lijkt.

Het verhaal is geschreven in de eerste persoon in een mondeling, vertrouwd register dat zelfs als grof zou kunnen worden omschreven. Holden, de verteller, richt zich vanaf de allereerste regel van de roman rechtstreeks tot de lezer: "Als je het echt wilt horen..." (p. 1). Deze techniek schept een onmiddellijke band tussen de verteller en de lezer, die zich vervolgens betrokken voelt bij het verhaal dat volgt. Bovendien komen zowel in de dialoog als in het verhaal talrijke soorten spreektaal voor, die de lezer kunnen verrassen:

- scheldwoorden ("Het was ijskoud en ik viel bijna neer", blz. 4);

- kinderachtig taalgebruik ("dat verveelt me", blz. 1; "dat gekke gedoe", *ibid.*);

- mondelinge taal ("voor het geval je nog nooit van hem gehoord hebt", *ibid.*; "noem ze niet eens tegen mij", *ibid.*);

- verbale opvullingen ("en alle", p. 2; "Jongen", p. 4);

- slang ("damn falsies", p. 2)

- tussenwerpsels gericht aan de lezer ("Ik vergat je dat te vertellen", p. 3);

- overdrijvingen ("Ik bleef hem een sonuvabitch en zo noemen, ongeveer tien uur lang", blz. 38).

Hoewel *The Catcher in the Rye* op het eerste gezicht een typische jeugdroman lijkt, heeft het vele kenmerken waardoor het de tand des tijds heeft doorstaan en een echte literaire klassieker is geworden voor jongere lezers: het behandelt het gevoelige onderwerp van depressie, dat veel tieners treft, met een lichte toon en spreektaal, waardoor de lezer zich kan identificeren met de verteller.

VERDERE REFLECTIE

ENKELE VRAGEN OM OVER NA TE DENKEN...

- Denkt u dat Holden uiteindelijk een autobiografie schrijft? Leg je antwoord uit.

- Hoe zou u de titel van de roman interpreteren?

- Waarom gelooft Holden dat kinderen de enige leden van de samenleving zijn die niet gecorrumpeerd zijn?

- Hoe komt Holdens depressie tot uiting in zijn daden? Gebruik voorbeelden om je antwoord te verantwoorden.

- Waarom kan Holden's verhaal beschreven worden als één van fysieke en mentale opsluiting?

- In welk opzicht is Holden een archetypische antiheld? Geef enkele voorbeelden van andere antihelden die je kent.

- Waarom is deze roman volgens u zo populair onder tieners, zowel vroeger als nu?

- De verteltrant in de roman is eerder informeel dan formeel. Welke effecten heeft dit?

- Aan welke andere fictieve personages (uit films, literatuur, TV, enz.) doet Holden je denken? Welke tienerhelden kun je omschrijven als zijn tegenpool? Leg je antwoord uit.

- Vergelijk de roman met de toneelbewerking ervan door Bernard-Marie Koltés (Frans toneelschrijver, 1948-1989). Wat is het belangrijkste verschil tussen de twee werken? Wat zijn de gevolgen van deze verschillen?

VERDER LEZEN

REFERENTIE-UITGAVE

Salinger, J. D. (2010) *The Catcher in the Rye*. Londen: Penguin.

AANPASSINGEN

Koltès, B-M. (2004) Sallinger. *Toneelstukken*. Trans. Fancy, D. Londen: Methuen. pp. 27-98.

*We horen graag van jou! Laat
een reactie achter op jouw online bibliotheek
en deel je favoriete boeken op social media!*

De uitgever garandeert de betrouwbaarheid van de gepubliceerde informatie, die echter niet onder zijn verantwoordelijkheid valt.

www.50minutes.com

Master ISBN: 9782808688314
Papier ISBN: 9782808699716
Wettelijk depot: D/2023/12603/1251

Omslag: © Primento

Digitaal ontwerp: Primento, de digitale partner van uitgevers.